LE CHÂTEAU DU DIABLE,

COMÉDIE HÉROÏQUE,

EN QUATRE ACTES ET EN PROSE,

Représentée pour la première fois à Paris, sur le Théâtre de Molière, le 5 décembre 1792.

PAR LE C. LOAISEL TRÉOGATE.

Prix, 1 liv. 4 sols.

PARIS,

Chez la Citoyenne TOUBON, sous les galeries du Théâtre de la République, à côté du passage vîtré.

1793.

LE CHATEAU DU DIABLE,

COMÉDIE HÉROÏQUE,

EN QUATRE ACTES ET EN PROSE,

Représentée pour la première fois à Paris, sur le Théâtre de Molière, le 5 décembre 1792.

PAR LE C. LOAISEL TRÉOGATE.

Prix, 1 liv. 4 sols.

PARIS,

Chez la Citoyenne TOUBON, sous les galeries du Théâtre de la République, à côté du passage vîtré.

1793.

ACTEURS.

Costume de Chevalerie, du quatorzieme siècle.

RAOUL.

ADÉLAIDE, Épouse de Raoul.

ROBERT, Valet de Raoul.

MONGRIGNY.

UN ÉCUYER.

UN CHEF DE SATELLITES.

UN ESCLAVE.

UNE AMAZONE.

FEMMES DE SA SUITE.

L'HOTESSE.

UN PAYSAN.

VALETS DE RAOUL.

TROUPE DE SATELLITES.

SUITE DE MONGRIGNY.

VILLAGEOIS ET VILLAGEOISES.

LE CHÂTEAU DU DIABLE,
COMÉDIE HÉROÏQUE.

ACTE PREMIER.

Le théâtre représente l'intérieur d'une auberge de village, du quatorzième siécle.

SCÈNE PREMIERE.

L'HÔTESSE *seule, tenant des piéces d'argent dans sa main.*

Voyons les profits de cette journée. (*Elle compte.*) Bien! de mieux en mieux! Quoique située dans un mauvais petit village, à l'entrée d'un bois écarté, mon auberge ne désemplit pas. (*L'on heurte à la porte.*) On frappe! Bon. Ce que c'est que le bonheur! les uns partent, eh bien, d'autres arrivent presque au même instant. (*Les coups redoublent à la porte.*) On y va, on y va.

A 2

SCENE II.

L'HOTESSE, ROBERT, UN AUTRE VALET.

ROBERT.

Y A-T-IL place dans cette hôtellerie pour des voyageurs qui desirent y passer la nuit?

L'HÔTESSE.

Assurément; êtes-vous beaucoup de monde?

ROBERT.

Mon maître, son épouse, quelques gens de sa suite, et votre serviteur.

L'HÔTESSE.

Fort bien.

ROBERT.

Je les précède dans ce village, où la nuit et le mauvais tems les obligent de chercher un gîte.

L'HÔTESSE.

Sans me vanter, mon auberge est la plus renommée de tout le canton.

ROBERT *parlant au Valet.*

S'il est ainsi, cours au-devant de nos maîtres, et amène-les dans ce logis, où je les attends.

LE VALET.

J'y vole.

(5)

SCENE III.

ROBERT, L'HOTESSE.

ROBERT.

Vous avez de bon vin?

L'HÔTESSE.

Le meilleur du pays. Voulez-vous le goûter?

ROBERT.

Oh! très-volontiers.

L'HÔTESSE. (*Elle court prendre du vin dans un buffet, et en apporte sur la table.*)

Ah! j'ai oublié un verre. (*Elle va pour l'aller chercher.*)

ROBERT.

Ne vous donnez pas la peine : voici ma tasse. (*Il se verse à boire. Tenant sa tasse pleine.*) Mauvais tems, chemins du diable, fatigues et périls de toute espèce! Un voyageur oublie tout, du moment qu'il porte à ses lèvres un verre de bon vin. (*Il boit.*)

L'HÔTESSE.

Vous avez raison. Comment le trouvez-vous?

ROBERT.

Bon, fort bon. Il est, ma foi, très-bon! (*Il redouble.*)

L'HÔTESSE.

Vous serez content chez moi, et vos maîtres aussi, j'ose m'en flatter. Qui sont-ils vos maîtres?

R O B E R T.

C'est Raoul, comte de Salandrie, avec Adélaïde de Fervaques, sa jeune épouse.

L' H ô t e s s e *étonnée,*

Adélaïde de Fervaques ?

R o b e r t.

Adélaïde de Fervaques.

L' H ô t e s s e.

Nièce et pupille du baron de Mongrigny ?

R o b e r t,

Justement. Vous les connoissez ?

L' H ô t e s s e.

Je ne les ai jamais vus ; mais il n'y a guères de jour que je n'entende parler d'eux à mon époux, qui a servi comme aide-de-cuisine chez le baron de Mongrigny.

R o b e r t *étonné,*

Ha, ha !

L' H ô t e s s e.

Je sais comme quoi votre maître et Adélaïde se prirent d'amour l'un pour l'autre ; comme quoi elle fut se jeter dans ses bras, pour éviter de passer dans ceux d'un vieux courtisan, que son oncle lui ordonnoit d'épouser.

R o b e r t.

C'est cela.

L' H ô t e s s e.

Je sais comment elle fit dire au baron de Mongrigny, par un message, le motif de sa fuite, et sa résolution de n'épouser que Raoul, comte de Salandrie.

R o b e r t,

Vous êtes bien instruite !

L' H ô t e s s e.

Tout cela s'est passé sous les yeux de mon mari : il fut témoin de la colère du baron de Mongrigny à cette nouvelle.

R o b e r t.

Elle fut grande, puisqu'il fit dire à sa nièce de ne jamais reparoître à ses yeux, et de ne plus compter sur sa succession.

L' H ô t e s s e.

Ce qui ne dut pas être un petit malheur pour Adélaïde ! car vous n'ignorez sûrement pas qu'elle étoit seule héritière de son oncle, l'un dés plus riches et des plus puissans seigneurs du royaume.

R o b e r t.

Je sais tout cela. Y a-t-il long-tems que votre mari a quitté le service du baron de Mongrigny ?

L' H ô t e s s e.

Il suivit son maître dans ce pays, et a fini par s'y établir.

R o b e r t.

Est-ce que le baron de Mongrigny est venu dans ce pays ?

L' H ô t e s s e.

Il y est venu, et il y demeure.

R o b e r t *étonné.*

Il y demeure !

L' H ô t e s s e.

Depuis la disparition d'Adélaïde.

R o b e r t.

Depuis deux ans, par conséquent ?

A 4

(8)

L'HÔTESSE.

Mon dieu, oui. Deux mois après le départ de sa nièce, il quitta ses terres de Champagne, et vint s'établir dans un très-beau château de ce canton, qu'il avoit fait acheter.

ROBERT.

Quel singulier hasard !

L'HÔTESSE.

Il est Seigneur de ce village. Elle sera bien étonnée, votre maîtresse, quand elle saura qu'elle est ici sur les terres de son oncle !

ROBERT *vivement.*

Il ne faut pas qu'elle le sache, ni mon maître non plus ; ils ne seroient pas tranquilles, cette nuit, dans votre maison ; peut-être même n'y voudroient-ils pas rester.

L'HÔTESSE.

Ça ne feroit pas mon affaire. Oh bien, je me tairai ! soyez sûr que je me tairai !

ROBERT.

Vous me ferez plaisir. Ils sont si bons, mes braves maîtres ! Il faut leur épargner tout ce qui seroit capable de leur rappeler des souvenirs fâcheux.

L'HÔTESSE.

Vous me paroissez un bon serviteur. Dites-moi un peu : depuis deux ans que tout cela s'est passé, quel pays habitoit Adélaïde ? On n'avoit point eu de ses nouvelles.

ROBERT.

Après leur mariage, Raoul conduisit sa jeune épouse chez une parente, en Bourgogne ; étant obligé de partir pour l'armée, où il a fait des prodiges de valeur.

L'HÔTESSE.

J'ai ouï parler de son courage.

ROBERT.

S'il a un défaut, mon maître, c'est d'être trop valeureux : il se plaît dans les dangers. Après avoir battu les ennemis de la patrie, il est venu déposer ses lauriers aux pieds de son épouse.

L'HÔTESSE.

Qui soupiroit après son retour? Dame! c'est bien naturel.

ROBERT.

Je vous en réponds. Jamais entrevue ne fut si touchante. Il y a trois mois que nous sommes revenus de la guerre; ces trois mois n'ont été qu'un jour pour ces deux époux.

L'HÔTESSE.

On avoit raison de dire qu'ils étoient faits l'un pour l'autre! Mais par quel hasard se trouvent-ils dans ce village écarté? Où allez-vous?

ROBERT.

A une journée de chemin de cet endroit, dans un petit manoir appartenant à mon maître, et qui sera désormais son unique retraite. Hélas! c'est le seul bien qui lui soit resté de l'opulence de ses ancêtres.

L'HÔTESSE.

Il n'est pas riche?

ROBERT.

La fortune est rarement le partage de ceux à qui la nature a prodigué ses dons. Voici notre monde.... Motus.

SCENE IV.

RAOUL, ADÉLAIDE, ROBERT, L'HOTESSE, *deux Valets de la suite de Raoul.*

RAOUL.

EH bien, Robert, nous serons logés dans cette auberge ?

L'HÔTESSE.

Oui, Seigneur, vous aurez chez moi bon gîte, bonne table.

ROBERT.

Et de bon vin.

RAOUL.

C'est ce que nous demandons.

L'HÔTESSE.

Je vais donner mes ordres pour le souper : j'espère, Seigneur, vous traiter comme il faut. (*Elle sort avec les Valets de la suite de Raoul, excepté Robert.*)

SCENE V.

RAOUL, ADÉLAIDE, ROBERT.

RAOUL, *après avoir remis ses armes à Robert, qui les dépose dans un coin.*

ENCORE un jour, chère Adélaïde, et nous serons dans la demeure de mes pères. Vous n'y verrez rien de la magnificence des palais qui vous ont vu naître ; mais vous y trouverez la paix.

A D É L A Ï D E.

Et le bonheur.

R A O U L.

Il y sera, sans doute, du moment qu'Adélaïde y aura fixé son séjour ; puisse-t-il n'être point troublé par le souvenir de tant de sacrifices qu'elle m'a faits !

A D É L A Ï D E.

Toujours ce langage qui m'afflige !

R A O U L.

Puis-je oublier que vous vous êtes séparée pour moi, d'un oncle qui vous tenoit lieu de père depuis votre naissance ? Puis-je oublier que son immense fortune ne sera point transmise à l'héritière de son sang, et que Raoul en est la cause ?

A D É L A Ï D E.

N'ai-je pas le seul bien qui puisse assurer la douceur de ma vie, le cœur de mon époux ? Il m'est douloureux, je ne m'en défends pas, d'avoir perdu la tendresse de mon oncle ; mais ai-je mérité ce malheur pour m'être soustraite à l'empire tyrannique qu'il vouloit exercer sur mes sentimens ? Ai-je merité son courroux pour avoir fait un choix approuvé de l'amour, de la vertu, de la France entière ? N'ai-je pas tout fait, n'avez-vous pas tout tenté vous-même, pour détruire ses injustes préventions ? Rien n'a pu vaincre sa rigueur inflexible ; qu'avons-nous à nous reprocher ?

R A O U L.

Chère épouse !

SCENE VI.

RAOUL, ADELAIDE, ROBERT, L'HOTESSE.

RAOUL.

MAIS j'oublie que vous avez besoin de repos. (*Parlant à l'Hôtesse.*) Conduisez Madame dans l'appartement qui lui est destiné.

L'HÔTESSE.

Très-volontiers.

RAOUL.

Moi, je reste ici pour donner quelques ordres.

L'HÔTESSE.

Si Madame veut venir... par ici.

SCENE VII.

RAOUL, ROBERT.

ROBERT.

JE crois, Seigneur, que nous ne serons point mal dans cette auberge. L'Hôtesse a d'excellent vin ! si la bonne chère est à l'avenant...

SCENE VIII.

RAOUL, ROBERT, UN PAYSAN.

LE PAYSAN *entrant brusquement, d'un air un
peu effaré.*

EXCUSEZ; c'est ici, dit-on, qu'est venu descendre
un chevalier de haute apparence que j'ons vu traverser
le village sur un grand palefroi? N'est-ce-ti point vous,
Seigneur?

RAOUL.

Il est vrai que j'arrive, et que j'ai passé par le village. Que voulez-vous?

SCENE IX.

LES PRÉCÉDENS, L'HOTESSE, *venant de
conduire Adélaïde.*

LE PAYSAN.

JE venons, Seigneur, vous demander un sarvice au
nom de tous les habitans.

RAOUL.

A quoi puis-je vous être utile, mon ami? parlez?

LE PAYSAN.

Y a ici, tout près de ç't'aubarge, un vieux châtiau
abandonné, qu'on appelle le châtiau du diable.

RAOUL

J'en ai ouï parler sur la route. On en dit beaucoup
de merveilles.

Le Paysan.

On ne sait pas si ce sont des revenans, des magiciens ou des diables qui s'y rassemblent : mais il n'est sorte de choses qu'on n'y ait vu et entendu, sur-tout depuis deux mois. Outre qu'ils font un sabbat d'enfer, ils maltraitent, ils assomment les passans.

Robert.

Ho ho !

Le Paysan.

Tout-à-l'heure encore, Gilles, notre ménestrier, vient d'être roué de coups par un Esprit sous la grande tour de ce manoir maudit.

L'Hôtesse.

O mon dieu !

Raoul.

Où est-il, ce malheureux ?

Le Paysan.

Je n'en savons rien. Après l'avoir ben battu, les Esprits l'ont emporté, peut-être pour toujours.

Raoul.

Il faut qu'il se retrouve.

Le Paysan.

C'est ce que je disions ; car si je n'avons plus de ménestrier, qui est-ce qui fera danser nos filles ? Beaucoup de gens ont quitté le pays à cause d'un tel voisinage. Chaque nuit, je sommes dans les transes. On dit comme ça qui n'y a qu'un Chevalier ben brave qui puisse donner la chasse à ces maudits lutins. J'ons jugé à votre meine, Seigneur, que vous étiez capable de ce grand exploit : et je v'nons vous prier de l'entreprendre.

L'Hôtesse.

Y a-t-il homme sur la terre qui puisse se jouer à des Esprits ? Déjà plusieurs vaillans Chevaliers ont voulu tenter l'aventure : les uns sont revenus à demi-morts de frayeur, les autres n'ont jamais reparu.

R A O U L.

Est-il facile de pénétrer dans ce château ?

L' H ô t e s s e.

Beaucoup plus que d'en sortir. Il tombe en ruines, la plupart des chambres sont sans portes, et le peu qui en reste sans serrures.

R A O U L.

Vous faut-il beaucoup de tems pour nous apprêter à souper ?

L' H ô t e s s e.

J'ai envoyé chercher des provisions au dehors ; mais dans deux heures au plus tard vous serez servi.

R A O U L.

S'il est ainsi, j'aurai le tems de visiter le château.

L e P a y s a n.

Vous y allez, Seigneur ?

R A O U L.

Oui, mon ami, et j'espère que ce ne sera pas sans fruit pour la tranquillité des habitans de ce village.

L e P a y s a n.

Je courons leux porter ç'te bonne nouvelle.

S C E N E X.

R A O U L, R O B E R T, L' H O T E S S E.

L' H ô t e s s e.

Vous me faites trembler, Seigneur : n'allez pas, croyez-moi, dans un lieu si dangereux pour votre vie ou votre liberté.

RAOUL.

Ne craignez rien : les histoires de revenans sont des fables. Il y a là - dessous quelque friponnerie que je saurai découvrir. Robert, donne-moi mes armes ?

ROBERT.

Je suis comme vous, Seigneur, je ne crois point aux contes de vieilles femmes ; mais nous devons repartir à la pointe du jour. Ne ferions-nous pas mieux de nous reposer, que d'aller à cette heure, et par le tems qu'il fait, visiter un château ruiné, dont les revenans prétendus ne peuvent être que des hibous ou des chouettes qui sûrement y font leur nid ?

RAOUL.

Je refuserois le secours de mon bras à d'honnêtes villageois qui me le demandent ! Donne-moi mes armes ?

ROBERT.

Les voilà.

L'HÔTESSE.

Seigneur ?

RAOUL *parlant à Robert.*

Prends un flambeau, et marche devant moi.

L'HÔTESSE.

Mais, Seigneur, madame la Comtesse ?

RAOUL.

Je vous recommande de lui taire les motifs de mon absence.

L'HÔTESSE.

Que lui dirai-je ?

RAOUL.

Ce que vous voudrez. Dites... dites-lui, que venant d'apprendre qu'un châtelain de mes amis demeuroit dans le voisinage, j'ai été lui faire une visite en attendant le souper.

ROBERT.

R o b e r t, *après avoir été prendre un flambeau.*

On ne sait ce qui peut arriver. Avant de partir, souffrez, Seigneur, que je me précautionne d'un flacon de certain vin dont l'Hôtesse m'a mis à portée de connoître l'excellence.

R a o u l.

Il ne songe qu'à boire.! Allons, prends du vin, si tu crois ne pouvoir t'en passer.

L' H ô t e s s e.

Justement, j'en ai ici quelques bouteilles.

R o b e r t.

Du bon?

L' H ô t e s s e.

De celui que vous avez bu.

R o b e r t *prenant une bouteille, et la mettant dans sa poche.*

Donnez. Le vin fortifie contre les périls.

R a o u l.

Partons.

L' H ô t e s s e.

Moi, je vais m'acquitter de votre commission auprès de madame la Comtesse.

R a o u l.

Gardez-vous bien de lui parler du château!

L' H ô t e s s e.

Soyez tranquille, Seigneur; je sais garder un secret; pourtant, ne soyez pas long-tems; car si elle étoit inquiète madame la Comtesse, je serois obligée de dire la vérité.

R a o u l.

Quelle heure est-il?

L' H ô t e s s e.

Sept heures.

R a o u l.

Dans deux heures, au plus tard, je serai de retour. (*Ils sortent.*)

L' H ô t e s s e *en s'en allant.*

Un guerrier de si bonne mine! Quel dommage! Il me fait bien de la peine!

Fin du premier Acte.

B

ACTE II.

Le théâtre représente la salle basse d'un vieux château ; les murs sans tapisseries, sont seulement couverts de quelques grands tableaux, troués et presque effacés par le tems. Des branches d'arbre percent à travers les fenêtres, qui n'ont plus ni volets, ni vîtrages ; la toile du fond représente une porte gothique pratiquée dans un mur qui menace ruine.

SCÈNE PREMIERE.

RAOUL, ROBERT.

RAOUL.

EH bien ! ces revenans, où sont-ils ?

ROBERT.

Nous avons tout visité dans le château.

RAOUL.

Nul phantôme, nul prodige ne nous est apparu.

ROBERT.

Je vous l'ai bien dit, Seigneur, que cela ne valoit pas la peine de se déranger ! Chaque village a comme ça ses sorciers, ses sorcières ; c'est à qui a vu le diable, où à qui le verra ; et tout ce merveilleux se réduit toujours à rien.

RAOUL.

Quand ce n'est pas le manége adroit de quelques fripons qui donne lieu à ces contes populaires. Je ne crois pas aux revenans ; mais je crois aux fripons.

(19)

R O B E R T.

Je suis d'avis, Seigneur, que nous allions souper.

R A O U L.

C'est bien mon intention ; mais il n'y a qu'une heure, au plus, que nous sommes dans le château ; restons encore un moment.

R O B E R T.

En ce cas , asseyons-nous , car j'ai pris goût au vin de l'Hôtesse , et je me sens fort altéré. (*Il s'assied par terre, tire une tasse de sa poche, et boit un coup.*) Voilà, ma foi, de fameux vin! il a un petit goût de canarie.

L E   C O M T E   *se promenant autour de la salle.*

Ces portraits paroissent bien antiques.

R O B E R T.

Comme le château. Il doit avoir au moins sept à huit cents ans sur le corps. Buvons à la santé, je veux dire à la mémoire de celui qui en posa la première pierre. (*Il boit... Il verse un autre verre de vin , et met sa bouteille à terre, en riant.*) A votre santé aussi, messieurs les Esprits.

R A O U L.

Ils ne se pressent guères de paroître !

R O B E R T.

C'est qu'ils sont plus rares qu'on ne le croit. Si la plupart des gens que je connois s'avisoient de mourir, je défierois l'enfer, le ciel même, de jamais faire revenir leurs esprits.

R A O U L   *dans le fond du théâtre.*

Quelque chose m'est échappé dans cette galerie. (*Il va pour sortir.*)

B 2

R O B E R T.

Vous me laissez seul?

R A O U L.

Tu as peur ? (*Il sort.*)

R O B E R T.

Non, mais j'aime la compagnie. Oh! il va revenir !..

SCENE II.

R O B E R T *seul.*

Comme on est crédule! comme on est imbécille dans ces petits villages! Croire à des sorciers, à des revenans! Si un revenant paroissoit devant moi, je vous lui asseinerois le meilleur coup de poing! (*Au moment qu'il allonge la main d'un air menaçant, un bras colossal couvert d'une peau blanche, sort de dessous le théâtre, et l'empoigne vigoureusement. A l'aspect de cette main blanche, Robert est saisi de frayeur. Il laisse tomber sa tasse qu'il tient de l'autre main, et détourne la tête.*)

R O B E R T.

Ha, ha! (*La main se retire.*)

SCENE III.

R A O U L, R O B E R T.

R A O U L *revenant.*

Eh bien?

R O B E R T.

O mon Dieu! Seigneur! à mon secours!

RAOUL.

Qu'est-ce que c'est ?

ROBERT *laissant son bras et sa tête dans la même attitude.*

Seigneur, vous ne le voyez pas ?

RAOUL.

Quoi ?

ROBERT.

L'Esprit.

RAOUL.

Est-ce de ton esprit que tu parles ? Il n'est pas là certainement, car je m'apperçois qu'il bat la campagne.

ROBERT.

Parbleu, Seigneur, je l'ai vue, qui plus est, sentie, bien sentie !

RAOUL.

Qu'as-tu vu ?

ROBERT.

Une grande main toute blanche qui me serroit d'une force... l'impression en est encore là.

RAOUL.

Est-ce que le vin te met en délire ?

ROBERT.

Il y a ici des choses surnaturelles... Comme ils ont la poigne forte, ces revenans !... Retirons-nous, Seigneur, retirons-nous. (*avec effroi*) J'entends du bruit !

RAOUL.

J'entends comme toi le mouvement de ces croisées ouvertes à tous les vents.

ROBERT.

Le plancher tremble sous nos pieds ; vous ne le sentez pas ?

RAOUL.

Cela vient de sa vétusté.

Une musique lugubre et éloignée se fait entendre.

ROBERT.

Ce n'est point un badinage ! écoutons... (*La musique approche. Les musiciens doivent être sous le théâtre, ou dans les coulisses.*) Entendez-vous, Seigneur ? entendez-vous ?

RAOUL.

J'entends des sons.

ROBERT.

Bien lugubres. Ils m'effrayent, et pourtant je ne suis pas peureux.

RAOUL.

Je m'en apperçois.

ROBERT.

Cette musique n'est pas naturelle à cette heure, et dans un lieu comme celui-ci.

SCENE IV.

RAOUL, ROBERT, LES PERSONNAGES SUIVANS.

(La toile du fond se lève et laisse voir l'intérieur d'un temple antique. Au milieu est un tombeau surmonté d'une urne cinéraire. Quatre guerriers couverts d'armes noires sont couchés aux quatre coins du tombeau. Leurs attitudes différentes sont celles d'une douleur profonde. Ils doivent paroître immobiles comme ces figures de marbre ou d'airain qu'on voit autour des mausolées. Deux statues également armées

de toutes pièces, et portées, chacune sur un pied-des-tal, sont en avant, à quelque distance du tombeau. Elles ont l'épée au côté, le bouclier au bras, et tiennent à la main une lance fort longue qui leur sert d'appui.)

R O B E R T *appercevant le changement de décora-tion.*

S EIGNEUR! Seigneur!

R A O U L.

Qu'y a-t-il encore?

R O B E R T.

Vous ne voyez pas derrière vous?

R A O U L.

Ha, ha! ce changement prouve qu'il y a ici des gens fort habiles! Voici le moment de se mettre en défense. (*Il tire son épée.*)

R O B E R T.

Où sommes-nous?... Seigneur, n'avancez pas.

(*On voit se déployer tout-à-coup au-dessus du tom-beau, ou sur une de ses faces, un rouleau sur lequel sont tracés de gros caractères.*)

R A O U L.

Une inscription! lisons. (*Il lit tout haut les paroles suivantes :*

TÉMÉRAIRE, QUI OSES PORTER TES PAS DANS L'EMPIRE DE LA MORT, APPRENDS QUE CET ASYLE EST TROUBLÉ PAR TA PRÉSENCE. FUIS, SI TU VEUX REVOIR LA LUMIÈRE DES CIEUX.

R O B E R T.

Ils ne nous prennent pas en traîtres; vous le voyez, nous sommes avertis; allons - nous - en, mon cher maître, allons-nous-en.

B 4

R A O U L *avec indignation.*

C'est bien le moment de s'en aller !

R O B E R T.

N'est-il pas visible qu'il n'y a que des morts en ce lieu ?

R A O U L.

Les morts ne font de mal à personne.

R O B E R T.

Mais cette inscription doit vous faire trembler.

R A O U L.

Ce sont les vivans qui font parler les morts.

R O B E R T.

Et ce tombeau ?

R A O U L.

Eh bien, ce tombeau est un tombeau aux pieds duquel je vois quatre figures en bronze ou en marbre, je crois ; je vais m'en assurer.

R O B E R T *avec beaucoup d'effroi.*
Seigneur !

R A O U L.

Voyons d'abord ces deux statues. (*Il s'approche de l'une des figures qui sont en avant du tombeau : il l'examine, la touche ; il lève avec son épée la visière du casque.*) C'est un mannequin que l'on a affublé d'une armure. (*Il va à l'autre statue, la regarde avec la même attention, et veut aussi lever la visière du casque de celle-là, comme il a fait à l'autre. La statue laisse tomber sa lance, saute en bas de son piedestal, recule quelques pas, tire son gantelet, et le jette aux pieds de Raoul.*) Voilà un spectre qui connoît les loix de la chevalerie. (*Ramassant le gantelet.*) J'accepte le défi.

(*La statue met l'épée à la main.*)

R o b e r t *au premier mouvement de la statue, il s'est précipité dans un coin sur le devant de la scène ; de-là il observe en tremblant.*

Il va se battre contre des Esprits ; nous sommes perdus !

(*Le combat s'engage , les deux champions se portent des coups vigoureux. Raoul renverse son adversaire qui se débat.*)

R o b e r t.

L'Esprit n'est pas le plus fort... Je sens renaître mon courage. (*Il s'approche de son maître.*)

Dans ce moment, les quatre guerriers couchés aux pieds du tombeau , se lèvent tous ensemble et précipitamment. Ils tirent leurs épées. Robert saisi de frayeur revient en courant sur ses pas , se fourre dans un angle sur le devant de la scène, et se rapetisse pour n'être pas apperçu.)

R a o u l (*sans voir le mouvement des quatre guerriers qui sont derrière lui , et tenant là pointe de son épée sur le cœur de son adversaire.*)

Qui es-tu? parle, parle, ou je te perce le sein.

(*Les quatre guerriers s'élancent. Au bruit de leur course, Raoul se retourne. L'homme-statue se relève. Ils entourent Raoul et le saisissent ; celui-ci se dégage de leurs bras , et les écarte vigoureusement. Ils se rallient, veulent revenir à la charge*).

SCENE V.

LES PRÉCÉDENS, UNE AMAZONE.

(L'amazone couverte d'armes noires parsemées de lames d'or, paroît tout-à-coup. Elle fait un signe aux guerriers qui suspendent leur attaque, et vont se ranger dans le fond du théâtre. Raoul baisse son épée devant cette inconnue.)

ROBERT *à part.*

MON maître en impose par sa valeur. Plaçons-nous derrière lui; son bouclier nous couvrira tous les deux. (*Il va derrière son maître.*

L'amazone considère Raoul d'un air de bienveillance.)

ROBERT *bas à l'oreille de son maître.*

Défiez-vous de ce nouveau personnage, Seigneur !

RAOUL.

C'est une femme.

ROBERT *toujours bas.*

Si c'étoit une femme, elle parleroit : ça ne dit mot : c'est une magicienne.

(L'amazone passe et repasse devant Raoul, le regardant toujours avec plus de complaisance. Elle déploie des grâces, et prend des airs séducteurs.)

ROBERT *bas.*

Comme elle vous regarde ! Ses yeux brillent d'un feu... Seigneur, elle veut vous séduire.

RAOUL.

Tant pis pour elle.

ROBERT *haut.*

Madame, vous êtes fort aimable; mais si vous avez des prétentions sur le cœur de mon maître, vous perdez votre tems, je vous en avertis.

(Raoul, par un geste gracieux, mais significatif, a l'air d'approuver ce que son valet vient de dire. L'amazone le regarde avec indignation. D'un geste elle rappelle ses gens et leur commande de s'emparer de Raoul. Ils se mettent en devoir d'obéir. L'attitude menaçante que celui-ci prend soudain, les empêche d'approcher. Ils courent sur le devant de la scène, se rangent sur une ligne tournant le dos au parterre, et menacent de leurs épées Raoul, qui leur fait face et les attend avec intrépidité. Robert est derrière lui. Dans ce moment, une pyramide longue et triangulaire s'élève et se fixe derrière Raoul, sans qu'il s'en apperçoive (*). A cet aspect, Robert se sauve dans son angle. A la pyramide sont ajustés des cercles ou bras de fer qui tout-à-coup se croisent et embrassent Raoul fortement. Il ne peut se mouvoir. Les guerriers accourent et forment un cercle autour de lui.

ROBERT, *avec un accent profond et douloureux.*

Mon dieu !

(Les guerriers dansent autour de Raoul, au son de l'orchestre, une ronde courte et rapide, pour le braver. L'amazone fait un signe. Ils s'arrêtent. La colonne s'enfonce et Raoul avec elle. Robert tombe la face contre terre. L'ouverture se referme. L'amazone fait un autre signe. Les guerriers courent prendre différentes attitudes aux quatre coins du tombeau. Ensuite elle s'élance légèrement sur le tombeau, levant celle de ses mains qui tient son carquois, et s'abîme avec les guerriers et le tombeau. La toile du milieu tombe avec fracas ; le théâtre est comme au commencement de l'Acte, et dans une grande obscurité.)

(*) A la pyramide, on peut substituer une cage de fer qui sort de dessous le théâtre et enveloppe Raoul ; ou, si l'on veut, une figure colossale qui embrasse le héros et s'enfonce avec lui.

SCENE VI.

Robert *seul.*

Après un silence, il se met sur son séans. QU'AI-JE vu ? Dieu tout-puissant ! qu'ai-je vu ?... (*Il se lève.*) Mon maître ! Répondez à la voix de votre serviteur fidèle, mon cher maître !... Il ne m'entend plus !... Où est-il à présent ?... Dans quelque abîme sans doute, où des spectres, des démons peut-être le font griller à petit feu... Et vous, sa tendre épouse, qu'allez-vous devenir à cette affreuse nouvelle ?.. Les Esprits sont donc plus méchans que les plus méchans hommes... Taisons-nous. Ils m'entendent... Suis-je encore dans le château ?... Comment se reconnoître dans une nuit si épaisse ? Si je pouvois sortir de ce lieu funeste... Essayons. (*Il fait le tour de la salle en tâtonnant.*) Je ne trouve point d'issue : ils ont muré toutes les portes. Hélas ! je ne l'échapperai pas. Ils me gardent pour la bonne bouche. (*Vivement.*) J'entends des cris, des hurlemens... Pour le coup, c'est fait de moi... (*Il écoute.*) Je me suis trompé : tout est dans le silence. (*En marchant, il heurte du pied sa bouteille, et fait un mouvement de frayeur.*) On m'a pris la jambe... Mon dieu ! mon dieu ! qu'on est malheureux de manquer de courage ! Allons, Robert, sois homme une fois en ta vie. Voyons ce qu'il y a là par terre. (*Il se baisse, cherche et touche la bouteille.*) Ma bouteille !... C'est le ciel qui me l'envoye. J'ai mon pauvre cœur si serré, si malade... un verre de vin le ranimera. (*Il porte la bouteille à sa bouche : il la retire.*) Mais si un Esprit s'étoit mis dans ce vase à la place du vin : les Esprits se fourrent par-tout... Ne buvons pas ; j'avalerois peut-être un lutin. (*Il jette la bouteille.*) J'apperçois de la clarté : c'est encore un revenant ou un diable. Tâchons de le fléchir. (*Il tombe à genoux, les mains croisées sur sa poitrine, la tête et les yeux baissés vers la terre.*)

SCENE VII.

ROBERT, ADELAÏDE, un Valet *portant un flambeau.*

Le Valet, qui a l'air très-effrayé, pose le flambeau près d'un fauteuil et s'enfuit. Le théâtre s'éclaire.

ADÉLAÏDE *d'un air très-inquiet.*

Il ne s'offre point à ma vue. (*Elle avance.*)

ROBERT *prenant Adélaïde pour un revenant.*

Seigneur, monseigneur le revenant...

ADÉLAÏDE *appercevant Robert.*

Robert !

ROBERT.

Ne me faites point de mal, je vous en prie.

ADÉLAÏDE.

Où est ton maître ?

ROBERT.

Je ne suis qu'un misérable valet indigne de votre colère. Monseigneur l'Esprit, ne me tuez pas ! je vous en aurai obligation toute ma vie. De grace, ne me tuez pas !

ADÉLAÏDE.

Quel air égaré ! Me vois-tu ? me reconnois-tu ? Où est ton maître ?

ROBERT *revenant un peu de sa frayeur. Avec beaucoup d'étonnement.*

Quoi ! c'est vous, Madame ? (*Il se lève.*)

A D É L A Ï D E *vivement.*

Parle, parle : où est mon époux ?

R O B E R T.

(*A part.*) L'Hôtesse aura jasé ! (*haut.*) Je vous dirai
tout, Madame ; mais ce n'est pas le moment. Fuyons,
je vous en conjure, fuyons cette demeure infernale.

A D É L A Ï D E.

Il me fait frémir... Je veux tout savoir, à l'heure
même. Réponds-moi, je te l'ordonne ; où est ton
maître ?

R O B E R T.

Madame...

A D É L A Ï D E *très-vivement.*

Malheureux ! veux-tu bien me répondre ? où est
mon époux ?

R O B E R T.

Il est...

A D É L A Ï D E *d'un ton mêlé de douleur et de
colère.*

Te fais-tu un jeu de mon tourment ?

R O B E R T.

Il est... hélas ! il est... quelque part dans le
château.

A D É L A Ï D E.

Eh ! en quel lieu du château ?

R O B E R T.

Je l'ignore. (*A part, avec amertume.*) Elle me
perce le cœur !

A D É L A Ï D E.

Prends ce flambeau ; parcourons tous les appartemens.

R O B E R T.

Madame, où voulez-vous aller ?

ADÉLAÏDE.

Chercher mon époux.

ROBERT *se mettant au-devant d'elle.*

Madame, je vous en conjure...

ADÉLAÏDE.

Tu voudrois m'empêcher d'aller joindre mon époux ! Raoul ! entends la voix d'Adélaïde. Raoul ! (*Parlant à Robert.*) Courons ; m'entends-tu ? Je veux voir... (*Avec désespoir.*) je veux voir mon époux.

En sortant, Robert se heurte contre le mur, ou contre une colonne, et recule épouvanté.

Fin du second Acte.

ACTE III.

Le théâtre représente une caverne vaste et profonde, d'un aspect horrible. On y voit des rochers, des tronçons de colonnes, des troncs d'arbre sans verdure, etc. Dans le fond du théâtre est un rocher beaucoup plus gros et beaucoup plus élevé que les autres. Raoul est assis, la tête appuyée sur un quartier de roc auquel il est enchaîné. Une lampe suspendue éclaire tristement ce lieu lugubre.

SCENE PREMIERE.

RAOUL *seul.*

JE suis tombé dans un espace vaste et souterrain, au milieu d'une troupe armée. Ils m'ont mis un bandeau sur les yeux, m'ont fait descendre plusieurs degrés sous la terre, m'ont conduit ici, m'ont enchaîné à ce roc, et ont disparu sans prononcer une parole. Cette caverne est-elle sous les fondemens ou hors de l'enceinte du château ? Et ces êtres singuliers, qui ne sont assurément pas des habitans de l'autre monde, que sont-ils ? pourquoi paroissent-ils demeurer dans les entrailles de la terre ?... Sont-ce des voleurs de nuit ? sont-ce des hommes qui sachant contrefaire le coin des monnoyes, ou en altérer le titre, ont fait de ce château le théâtre de leurs opérations ; et qui, pour forcer à la retraite les curieux et les incrédules, y déployent, chaque nuit, un appareil effrayant ?... Plus j'y pense, plus je soupçonne que cette bande nocturne s'occupe ici de quelque chose de criminel. Ils sont en grand nombre, et je suis en leur puissance, désarmé, enchaîné... Je frissonne malgré moi... La nuit est avancée... mon épouse s'inquiète, se désole peut-être... Chère Adélaïde ! (*Il retombe sur le roc.*)

SCENE

SCENE II.

RAOUL, UN ÉCUYER.

L'ÉCUYER. *Il est mis richement. Costume de fantaisie, mais bisarre.*

VOILA donc ce guerrier présomptueux, qui pense que tout doit céder aux efforts de son bras ?

RAOUL.

Leurs langues se délient, à la fin.

L'ÉCUYER.

Eh bien, crois-tu maintenant qu'il est des circonstances périlleuses où la valeur la plus intrépide n'est que témerité ?

RAOUL.

Je sais que l'homme le plus courageux ne résiste pas au nombre et à la force.

L'ÉCUYER.

Tu penses donc que nous sommes des hommes ?

RAOUL.

Ma contenance avec tes gens a dû t'apprendre que, loin d'imaginer combattre avec des spectres, j'ai vu bien clairement à quelle espèce d'hommes j'avois affaire.

L'ÉCUYER.

Si tu étois persuadé d'avance, en venant dans ce château, que les prétendues apparitions dont il est le théâtre, sont l'ouvrage de plusieurs hommes rassemblés pour quelque dessein, ne devois-tu pas comprendre qu'ils avoient de puissantes raisons pour semer l'épouvante autour de leur retraite ?

C

R A O U L.

C'est ce que j'ai conçu sur-le-champ.

L' E c u y e r.

Ne devois-tu donc pas sentir le danger de vouloir pénétrer dans leurs mystères?

R a o u l.

Les dangers n'existent que pour le lâche qui aime mieux souffrir les abus de la puissance et de la force, que de risquer de les combattre. Je suis Français ; ce titre glorieux m'impose la loi de secourir les opprimés par-tout où je les trouve. Le bruit horrible que vous faites, presque toutes les nuits, désole les crédules habitans de ces campagnes, les force même d'abandonner leurs foyers. Il étoit de mon devoir, en apprenant ces scènes extraordinaires , d'en rechercher la cause, de tenter de la détruire, en la faisant connoître , enfin de purger le pays d'un rassemblement ténébreux , qui trouble son repos et ne peut avoir qu'un objet condamnable.

L' E c u y e r *avec dérision.*

Tu vois comme le succès a couronné ta noble entreprise ! Je te laisse réfléchir aux suites de ton zèle imprudent. Le conseil assemblé délibère sur le genre de châtiment dû à ton audace. Il n'attend que ma voix pour prononcer ; j'y cours ; dans un moment, tu sauras ta destinée.

S C E N E   I I I.

R a o u l *seul.*

UN conseil assemblé dans un souterrain ! Le châtiment dû à mon audace ! Tout redouble mon inquiétude. O Adélaïde ! mes alarmes ne sont que pour toi. Privée d'un époux, quel seroit ton sort ? Aurois-tu la force de supporter la vie ?

SCENE IV.

RAOUL, L'AMAZONE, DEUX SUIVANTES.

*L'amazone dans un costume riche et voluptueux,
s'avance mollement à travers les rochers. Elle est ac-
compagnée de deux Suivantes, dont l'une porte une
lyre ou un sistre. Elle fait le tour du théâtre, s'ar-
rête devant Raoul, le considère encore avec toutes
les marques de l'intérêt le plus vif, et va s'asseoir
sur un siége naturel, que présente l'un des rochers
placés dans un coin, sur le devant de la scène. Ses
Femmes se tiennent debout à ses côtés. L'une d'elles
chante les paroles suivantes, et s'accompagne avec
le sistre.*

QUE d'heureuses métamorphoses
 Sont l'ouvrage de l'Amour !
Sur les cyprès, il fait naître les roses ;
Dans la nuit sombre il fait briller le jour.

 Par lui renaît à l'espérance
Le mortel gémissant dans la captivité.
 Lorsqu'il reconnoît sa présence,
 Et rend hommage à sa puissance,
  A l'aspect de la beauté.

 Ce Dieu punit l'indifférence.
 Malheur au captif enchaîné,
  Dont le cœur infortuné
  Rejette l'espérance
   Et la félicité,
 Que font naître la présence
 Et les regards de la beauté !

*Raoul, sans paroître touché de la présence et du
chant de ces femmes, sans sortir de son accablement,
a la tête baissée, et les yeux fixés vers la terre. L'A-
mazone se lève, s'éloigne, regarde Raoul avec indignation en passant devant lui. La chanteuse reprend :*

Malheur au captif enchaîné, etc. *et pendant cette reprise, qu'elle chante en s'éloignant, elle a l'air de partager l'indignation de sa maîtresse. Elles sortent.*

SCENE V.

R A O U L *seul.*

TOUT ce que je vois est extraordinaire. Que sont ces femmes? que me veulent-elles? Insulter à ma situation, sans doute, pendant que peut-être se font les apprêts de mon trépas. La mort n'est rien par elle-même : je l'ai bravée, mille fois, dans les combats ; mais périr obscurément et sans utilité pour personne ! mourir quand les vrais biens de la vie se rassembloient pour moi dans le sein d'une épouse! par mon trépas, causer sa mort, la mort de l'objet le plus aimable dont la nature ait embelli la terre !... Cette idée me déchire.

SCENE VI.

RAOUL, UN ESCLAVE.

L'ESCLAVE *accourant et s'approchant de Raoul, à voix basse.*

SEIGNEUR! (*Il regarde autour de lui d'un air inquiet.*)

R A O U L.

Que vient-on m'annoncer?

L' E s c l a v e.

Parlez bas, Seigneur ; c'est l'humanité qui m'amène auprès de vous.

R A O U L.

L'humanité!

L' E s c l a v e.

Parlez plus bas; ici les murs ont des oreilles. Détenu depuis deux mois dans ces lieux, je n'y conserve la vie, que parce que j'ai consenti d'y faire le métier d'esclave. Condamné aux travaux les plus durs, j'y aurois déjà succombé, si l'espoir de recouvrer la liberté ne m'avoit soutenu jusqu'à cette heure. Enfin j'ai trouvé une issue, et les moyens de m'évader avec plusieurs captifs enfermés comme moi dans cet horrible séjour. C'est dans la nuit de demain que notre complot s'exécute. Je suis témoin de tout ce qui se passe à votre égard; vous m'inspirez l'intérêt le plus vif, et je viens vous offrir de vous sauver avec nous.

R a o u l.

Ah, mon ami! que ne vous devrai-je pas, si vous me rendez à une épouse trop tendre, qu'en ce moment peut-être mon absence désespère.

L' E s c l a v e.

En fuyant, nous mettrons le feu par-tout, et ferons sauter cette demeure infernale. Un homme de votre valeur, sera bien propre à nous seconder.

R a o u l.

Mais dites-moi donc quelle espèce d'hommes habite ce repaire?

L' E s c l a v e.

Ce n'est pas le moment de vous le dire. Je ne vous cache pas que votre mort est certaine. Plus vous avez montré de courage, plus le sacrifice de votre vie leur paroît nécessaire. S'ils se décident à vous faire périr cette nuit, je ne peux vous soustraire à leur vengeance; car nous ne serons prêts que demain. Mais si votre trépas est différé de deux jours seulement, je promets de venir, la nuit suivante, vous ôter vos fers, et vous tirer de ces lieux... On vient... Je tremble...

C 3

SCENE VII.

L'ÉCUYER, RAOUL, L'ESCLAVE.

L'Écuyer *parlant à l'Esclave, d'un ton cour-*
roucé.

Que fais-tu-là?

L'Esclave *d'un air tremblant et embarrassé.*

Seigneur, je venois voir... (*Il veut s'en aller.*)

L'Écuyer.

Où vas-tu?... Demeure.

L'Esclave.

Qu'y a-t-il pour votre service, Seigneur?

L'Écuyer.

Tu le sauras quand il en sera tems. (*parlant à*
Raoul.) Quant à toi, je viens t'apprendre que tu n'as
qu'un instant pour te recueillir; je te conseille de le
mettre à profit.

Raoul.

Je vais donc mourir?

L'Écuyer.

Oui, ton arrêt de mort est porté.

Raoul.

Irrévocablement?

L'Écuyer.

Irrévocablement. On va venir le mettre à exécution.

Raoul.

Ciel! (*D'une voix concentrée*) à quel supplice me
destine-t-on?

L'É c u y e r *montrant le gros rocher qui est au fond de la caverne.*

Tu vois cette roche élevée? elle domine sur un abîme. Nos loix te condamnent à t'y précipiter.

R a o u l.

Les scélérats ont donc aussi des loix?

L'É c u y e r.

Qui t'a dit que nous sommes des scélérats?

R a o u l.

Tout ce que je vois; la violence exercée contre ma personne; la mort injuste et barbare qu'on s'apprête à me faire subir.

L'E c u y e r *ironiquement.*

La mort fait peur à un héros tel que toi?

R a o u l.

Bien loin d'effrayer un cœur magnanime, la mort est l'objet de ses vœux, quand elle peut servir au bien de son pays; mais elle lui paroît affreuse, je l'avoue, lorsqu'elle assure l'impunité, ou retarde le châtiment d'une troupe d'assassins.

L'E c u y e r.

Ne fatigue point les restes de ta vie par des transports inutiles. Tes jours sont comptés.

R a o u l.

Le ciel t'a-t-il donné l'emploi d'en fixer le terme?

L'E c u y e r.

Pourquoi non? Sais-tu quel est l'ordre du destin? Apprends, car tu m'as l'air de l'ignorer, que tout est nécessaire ici-bas.

R a o u l.

Il est donc nécessaire qu'il y ait des monstres comme

vous, et des infortunés comme moi, qui soient forcés d'être leurs victimes?

L' E c u y e r.

Tout ce qui cause ici ton étonnement ou ton indignation, devoit être dans son tems fixe, selon les loix immuables qui régissent le monde. Foible mortel, cesse de murmurer contre ce que tu ne peux empêcher; prends un esprit conforme à ta situation, et résigne-toi. On vient, ta carrière est finie ; je te laisse... Adieu. (*parlant à l'Esclave.*) Toi, ne sors point d'ici sans mon ordre. (*Il sort.*)

S C E N E   V I I I.

RAOUL, le CHEF DES SATELLITES, UNE TROUPE DE SATELLITES, L'ESCLAVE.

(*Ces derniers sont armés de coutelas et de poignards ; ils ont d'épaisses barbes noires ; leur costume est épouvantable. Ils arrivent au son d'une musique lente et terrible, et se rangent autour de Raoul.*)

R a o u l.

ADÉLAÏDE! chère Adélaïde! (*S'adressant aux Satellites qui l'entourent*). Puisque ma mort est résolue parmi vous, je n'appelle point de cet arrêt cruel ; mais si vos cœurs ne sont pas inaccessible à toute pitié, j'attends de vous une grace avant de mourir.

L e C h e f *des Satellites, d'un ton farouche.*

Quelle est-elle?

R a o u l.

Un nœud sacré m'unit à une femme que j'adore, et dont je suis aimé passionnément.

L e C h e f.

Nous le savons.

R a o u l.

Je l'ai laissée dans l'auberge voisine, sans la prévenir du motif de mon absence ; mais elle ne peut tarder d'en être instruite. Ne voyant point reparoître son époux, le désespoir s'emparera de son ame trop tendre pour en soutenir l'excès ; elle succombera.

L e C h e f *brusquement.*

Que nous importe ?

R a o u l.

Elle mérite une autre destinée. Souffrez que je lui écrive deux mots, qui, la trompant sur mon sort, et lui laissant l'illusion de l'espérance, prolonge au moins sa vie, par la certitude que je lui donnerai de la revoir un jour.

L e C h e f.

Ça ne se peut pas.

R a o u l.

Qui que vous soyez, c'est Raoul, comte de Salandrie, qui vous demande cette grace ! Il vous conjure, il tombe à vos pieds, lui qui jamais n'a fléchi le genou devant personne. Ne portez point l'horreur de ses derniers momens, jusqu'à lui refuser la douceur de faire tenir à son épouse quelques lignes consolantes, où vous ne lirez aucun détail qui puisse trahir le mystère étrange de vos occupations.

L e C h e f.

Nous avons bien ce tems-là ! Il faut que tu meures à l'heure même.

R a o u l.

Ce sont des tigres.

L e C h e f.

Qu'on lui ôte ses liens, et qu'on le mène sur le rocher. (*On entoure Raoul, on le détache, on se dispose à le conduire.*)

SCENE IX.

LES PRÉCÉDENS, L'ÉCUYER, *suivi d'un cortége composé de deux Pages et de quelques Nymphes. Ces personnages doivent avoir un costume riche, mais bisarre.*

L'ECUYER. *Il crie du fond du théâtre :*

GARDES, suspendez le supplice.

(*Les Gardes qui entourent Raoul s'écartent pour faire place au cortége.*)

L'ECUYER *s'adressant à Raoul.*

La mort, tu le vois, est le prix des audacieux qui veulent obstinément pénétrer le secret de notre existence. Cependant, tu es le maître de conserver tes jours. Ecoute : nous vivons ici sous les loix d'une jeune beauté, fille d'un héros qui est mort notre chef. C'est la même qui a daigné s'offrir, deux fois, à tes regards. Par des raisons que tu ne peux connoître, elle habite ces demeures souterraines. Plusieurs guerriers comme nous, y reconnoissent son empire. Touchée de ta bonne mine et de ton courage, tu es le seul homme encore qu'elle ait distingué. Elle te fait grace de la vie ; elle est même disposée à t'accorder toute sa bienveillance ; mais elle veut une reconnoissance sans bornes. Voici les conditions qu'elle met à sa clémence : promets de renoncer sans regret à tout ce qui t'intéresse sur la terre.

RAOUL.

Qu'entends-je !

L'ECUYER.

Nous savons que tu es engagé par un de ces liens qu'une loi bisarre rend indissolubles parmi vous. Nos loix à nous, ne connoissent point de nœuds que le cœur ne puisse rompre quand il lui plaît. Tu ne peux sortir de ces lieux, dont toutes les issues sont fermées avec des portes d'airain. Jure donc, de bonne grace, et foi de chevalier, d'oublier cette épouse que tu ne verras plus.

R A O U L.

Où suis-je, grand dieu !

L' E c u y e r.

Jure que tu es heureux d'avoir été remarqué de l'héroïne qui nous commande, que tu es impatient de lui faire à elle-même le serment de souscrire avec transport à tout ce qu'elle exigera de toi. J'ose t'assurer d'avance que l'honneur d'être notre chef suivra de près les marques de ton dévouement. J'attends ta réponse; si elle est digne de celle qui nous envoye, nous allons te conduire en triomphe à ses pieds.

R a o u l *à part.*

Ils me font horreur ; mais dissimulons.

L' E c u y e r.

Tu hésites ?

R a o u l.

N...on. Cependant.... il me semble qu'avant de répondre...

L' E c u y e r.

Choisis sur-le-champ entre le sort le plus doux et la mort la plus affreuse.

R a o u l *à part.*

Feignons d'entrer dans leurs vues, puisque demain le ciel doit venir à mon secours.

L' E c u y e r.

Eh bien ?

R a o u l *froidement.*

Celle qui vous charge de m'exprimer ses sentimens, et que j'ai vue en effet dans ces lieux, est belle, je l'avoue.

L' E c u y e r *dédaigneusement.*

En vérité, tu fais cet aveu-là?

R a o u l.

Son air est noble, majestueux ; et elle doit assez connoître ses avantages pour être sûre que quiconque l'aura vue, n'aura pas de peine à se conduire au gré de ses desirs. (*Il doit dire ce couplet péniblement et avec une sorte de répugnance*).

L' E c u y e r.

Tu promets donc de lui consacrer toute ton existence ?

R a o u l.

Ce que je viens de dire n'est pas équivoque.

L' E c u y e r.

C'est fort bien! mais des paroles ne suffisent pas. Il faut des preuves. Qu'on fasse approcher cet Esclave... (*On fait place à l'Esclave.*) Avance... mets-toi-là. (*Il le place devant Raoul.*) Nous savons que ce misérable nous trahit; nous savons qu'il est le chef d'un affreux complot contre nous et contre la guerrière que nous honorons. Pour lui prouver ton dévouement, prends ce fer ; (*il tire un large coutelas*) immole ce traître qui conspire notre perte, et que ton premier hommage à la beauté soit la tête de son ennemi. (*Raoul fait un mouvement d'horreur.*) A ce trait, nous jugerons de ta sincerité. Tiens.

R a o u l *prenant le fer avec fureur.*

Oui, tu me vois prêt d'abattre la tête, non à ce malheureux dont je respecte l'infortune, mais au premier de vous dont la bouche infame s'ouvriroit encore pour me proposer un assassinat.

L' E c u y e r.

C'est ainsi que tu réponds aux bontés de notre souveraine ?

(45)

R A O U L toujours furieux.

Ses bontés feroient l'opprobre de ma vie. As-tu pu croire, as-tu pu soupçonner que Raoul oublieroit la plus vertueuse des épouses, pour la fille peut-être d'un chef de brigands ?

L' E c u y e r.

Quel outrage ! Gardes, qu'on le saisisse.

Les Satellites entourent Raoul. Il s'élance sur une roche applatie et élevée de deux ou trois pieds de terre. Une nouvelle troupe armée plus nombreuse et plus formidable, débusque des deux côtés du théâtre, et se poste sur les rochers, qui tout d'un coup paroissent hérissés d'armes meurtrières. Toutes les armes se tournent contre Raoul.

L' E c u y e r.

Insensé ! Que prétends-tu contre tant de bras armés pour punir ta résistance ?

R a o u l.

Il faut donc périr !

L' E c u y e r.

Qu'on le désarme.

Les satellites font un mouvement pour obéir. Raoul les prévient, en jetant loin de lui le sabre qu'il tient à la main.

L' E c u y e r d'une voix forte.

Qu'on lui remette ses fers, qu'on le porte tout enchaîné au lieu de son supplice.

On saisit Raoul, on veut lui remettre des fers. Il se dégage des mains des satellites et les écarte avec un mouvement terrible.

R a o u l.

Scélérats ! vous n'aurez pas le plaisir atroce de voir vos mains et vos chaînes se rougir de mon sang ; je mourrai, mais ce sera sans vous. (*Il court, il s'élance au sommet du rocher désigné pour le lieu de sa mort. Il lève les mains au ciel, il s'écrie :*) Dieu, protecteur de la vertu, console Adélaïde ! (*et se jette lui-même dans le précipice. La toile tombe.*)

Fin du troisième Acte.

ACTE IV.

Le lieu de la scène comme à l'ouverture du second Acte.

SCENE PREMIERE.

ROBERT, ADÉLAIDE.

Adélaïde est assise dans un fauteuil et plongée dans l'accablement.

R o b e r t *sur le devant de la scène.*

JE n'ai pu lui épargner ce cruel récit, dont chaque circonstance portoit la mort dans son ame. Avec quelle ardeur intrépide elle a parcouru l'intérieur du château! Mais, hélas! des barrières invisibles cachent le lieu où mon pauvre maître est descendu... Vainement j'ai demandé des secours dans le village. La peur y enchaîne tous les bras... Epouse infortunée!... Elle est tombée de douleur et de lassitude.

A d é l a ï d e *sortant de son accablement.*

J'ai donc perdu mon espérance, ma vie! O Raoul! c'est pour servir les habitans de ce village, que tu t'engages dans une entreprise fatale... Et voilà le prix de ton noble courage !

R o b e r t.

S'il m'avoit écouté, il auroit senti que la valeur ne peut rien contre les puissances de l'enfer.

A d é l a ï d e *avec désespoir.*

Quoi! je ne peux trouver aucun indice, aucune trace de cet horrible événement!

(47)

R o b e r t.

Je suis confondu.

A d é l a ï d e.

Et c'est ici que tu as vu disparoître mon époux ?

R o b e r t.

Hélas ! oui, c'est là, si je ne me trompe , que j'ai vu mon malheureux maître descendre vif tout dans la basse région des lutins.

A d é l a ï d e.

La peur t'aura fait prendre pour des spectres une troupe de brigands.

R o b e r t.

Des brigands n'ont pas ainsi le pouvoir d'opérer des prodiges.

A d é l a ï d e.

Ils auront assassiné mon époux !...

R o b e r t.

Madame, il vivoit encore...

A d é l a ï d e *vivement.*

Les brigands ne lâchent point leur victime qu'ils ne l'ayent immolée. . . Ainsi donc aura péri d'une mort barbare, ce jeune héros dont le sang, tant de fois, a coulé pour sa patrie, tandis que d'inutiles fardeaux de la terre traînent jusqu'à la plus extrême vieillesse leur existence nulle et souvent déshonorée !

R o b e r t.

Je ne peux, non, Madame, je ne peux rejeter le rayon d'espérance qui me fait croire que nous reverrons mon cher maître.

A d é l a ï d e *avec une sorte de fureur.*

Et tout le monde, tout le monde dans ce village a refusé de me prêter main-forte !

(48)

R O B E R T.

O mon dieu, oui! Tout le monde, au seul nom de
ce château qu'ils appellent le château du diable, vous
les voyez courir comme si tout l'enfer étoit à leurs
trousses.

A D É L A Ï D E. *Elle écoute.*

Qu'entends-je ? (*Vivement.*) Robert?

R O B E R T.

Madame?

A D É L A Ï D E.

Ton maître !

R O B E R T *vivement.*

Eh bien, madame, mon maître?...

A D É L A Ï D E.

N'est-ce point sa voix qui frappe mon oreille?

R O B E R T *tristement.*

Je n'entends rien.

A D É L A Ï D E.

Illusion trompeuse!... (*à Robert, avec beaucoup
d'attendrissement.*) Oh! rends-moi, rends-moi mon
époux !

R O B E R T.

Je le voudrois au prix de mon sang.

(*Un trophée d'armes sort de dessous la terre, et
s'élève au milieu du théâtre. Ce trophée est surmonté
d'une inscription transparente.*)

A D É L A Ï D E.

Que vois-je? (*Elle lit tout haut l'inscription, con-
çue en ces termes :*)

*LES ARMES DE RAOUL, COMTE DE
SALANDRIE.* (*Avec le sombre accent du désespoir.*) Je ne peux donc plus douter de mon malheur !

R O B E R T.

ROBERT. (*Il s'approche, et regarde les pièces de l'armure.*

(*Douloureusement.*) Hélas! oui, ce sont bien les armes de mon maître. C'est son bouclier, ce sont ses gantelets, sa cotte-d'armes.

ADÉLAÏDE.

Son épée !

ROBERT.

Il n'est que trop vrai ; la voilà, cette épée terrible qui a purgé la terre de tant d'oppresseurs! La voilà toute cette armure dont le seul aspect inspiroit l'effroi sur les champs de bataille !

ADÉLAÏDE.

C'est donc tout ce qu'ils me rendent de mon époux ! (*Etouffant dans ses larmes.*) Que je suis malheureuse ! (*Le trophée disparoît.*)

ROBERT *après un silence.*

(*A part.*) Comme ses traits sont altérés ! (*haut.*) Madame, vos pleurs vous suffoquent.

ADÉLAÏDE *à part, d'une voix concentrée.*

Bientôt je ne pleurerai plus. (*haut.*) Robert ?

ROBERT.

Madame !

ADÉLAÏDE.

Laisse-moi seule en ce lieu.

ROBERT.

Vous laisser !

ADÉLAÏDE.

Oui, laisse-moi ; je sais quel fut ton attachement pour mon époux. Cette bourse contient une somme suffisante pour mettre le reste de tes jours à l'abri du be-soin ; tiens, mon cher Robert, prends.

D

(50)

R O B E R T.

J'irois m'enrichir du bien de malheureux maîtres !

A D É L A Ï D E.

Prends cela, te dis-je ; retourne dans ta patrie, et puisse ce bonheur que j'ai perdu pour toujours, être le prix de ton zèle et de tes services !

R O B E R T *avec beaucoup d'émotion.*

Ah, madame ! me méprisez-vous assez pour me croire capable de vous quitter dans un moment et dans un lieu comme celui-ci ? Ma patrie étoit par-tout où j'é-tois avec mon maître. Je ne voyois d'asyle à mes vieux jours que la retraite où vous eussiez vécu tous les deux. Sans lui, sans vous, que ferois-je désormais sur la terre ? (*En sanglottant.*) Je vous le déclare, ma chère maîtresse, je vivrai ou je mourrai à votre service.

A D É D A Ï D E.

Tant de vertu dans un serviteur qu'il me faut aban-donner, ajoute encore au tourment que j'éprouve. (*Elle saisit l'épée de son époux, la regarde en fris-sonnant. L'épée lui tombe des mains.*)

R O B E R T *effrayé du mouvement d'Adélaïde.*

Ciel ! (*Il saute sur l'épée qui est par terre.*)

A D É L A Ï D E.

Donne-moi ce fer ?

R O B E R T.

Madame !

A D É L A Ï D E.

Donne-moi cette épée ?

R O B E R T.

Ma chère maîtresse, qu'en voulez-vous faire ?

ADÉLAÏDE.

Crains-tu que j'en fasse un usage criminel? N'est-ce
pas assez de ma douleur pour accélérer le terme de ma
vie? Cette épée fait partie du seul bien qui me reste de
mon trésor; donne...

ROBERT *vivement.*

Madame, madame, écartez ces idées sinistres. (*Très-
vivement.*) Madame, sortons de ce lieu maudit du ciel
et des hommes. Je vois une porte, elle doit s'ouvrir
sans peine. (*Il court à cette porte pratiquée dans le
vieux mur du fond, et la pousse rudement, à dessein
de l'ouvrir. La porte se renverse, le mur s'écroule et
laisse voir dans le fond, une terrasse de plein-pied à
la salle du château (*). Un bûcher est dressé sur
cette terrasse. Deux hommes tenant un poignard
d'une main et un flambeau de l'autre, sont auprès
du bûcher. L'écuyer est là, et a l'air de leur donner
des ordres. Derrière le bûcher est une balustrade gothique et adossée contre un vieux arbre noueux et
branchu jusqu'au bas de sa tige. Plus loin, dans
l'enfoncement, sont les arbres d'un parc qu'on ne fait
qu'entrevoir dans l'obscurité. A ce nouveau spectacle,
Robert court auprès d'Adélaïde, que le bruit de la
chûte du mur fait sortir de son accablement. L'écuyer
s'avance et s'approche d'Adélaïde.*)

SCENE II.

LES PRÉCÉDENS, ADÉLAIDE.

ADELAÏDE *se levant brusquement.*

VOILA sûrement les assassins de Raoul. Venez, bour-
reaux de mon époux, je vous attends! venez joindre ma
destinée à la sienne!

(*) Cela s'exécute au moyen d'une toile qui se brise et s'enfonce.

R o b e r t *se jetant à genoux.*

Tuez-nous tous les deux ensemble. Madame, souffrez que votre fidèle serviteur partage avec vous le sort de mon cher maître.

A d é l a ï d e.

Barbares ! qu'avez-vous fait de mon époux ?

L' E c u y e r *séchement.*

Il n'est plus, madame.

A d é l a ï d e.

Monstres féroces ! qui a pu vous porter à cet acte de barbarie ?

L' E c u y e r,

C'est notre secret.

A d é l a ï d e,

O crime !

R o b e r t.

O vengeance !

A d é l a ï d e.

En faisant périr le plus brave des hommes, tu n'as pas immolé toute ta proie. Ce cœur déchiré est une partie souffrante de mon époux qui lui survit encore ; et pour que tu sois sûr qu'il ne reste plus rien de ton illustre victime, tu dois immoler son épouse.

L' E c u y e r.

Il importe à nos intérêts et à notre gloire que la comtesse de Salandrie subisse le sort de son époux.

A d é l a ï d e *offrant son sein.*

Frappez donc, meurtriers farouches, frappez.

L' É c u y e r.

Ce bûcher attend une victime, et c'est vous, madame, qu'il nous est ordonné d'y conduire.

A D É L A Ï D E.

Ombre de Raoul! je vole m'unir à toi pour jamais.
(*Elle court vers le bûcher.*)

R O B E R T *se mettant au-devant d'elle.*

Vous n'irez pas, ma chère maîtresse !

A D É L A Ï D E.

Éloigne-toi, mon cher Robert.

R O B E R T.

Vous n'irez pas. Cœurs de bronze, pourriez-vous
laisser périr dans les flammes un objet si vertueux et
si beau? (*Vivement.*) Je ne crains plus la mort, qu'on
me mène, qu'on me mène à sa place.

(*L'Écuyer le repousse rudement jusqu'auprès de la
coulisse. Adélaïde court et monte courageusement sur
le bûcher.*)

R O B E R T *se couvrant les yeux de ses mains, et
s'appuyant contre le mur.*

Miséricorde !

SCENE III.

LES PRÉCÉDENS, RAOUL.

(*On met le feu au bûcher. Le tonnerre gronde.
Raoul paroit escorté de quelques gardes. Il a un
bandeau sur les yeux; on le lui arrache. Ses cheveux
sont hérissés, son air pâle et défait. Il reconnoît son
épouse au milieu du bûcher, vole à son secours. On
veut le retenir, il renverse tout ce qui s'oppose à son
passage. L'Écuyer et les satellites rentrent dans les
coulisses. Raoul monte sur le bûcher qui s'allume,
enlève sa femme, l'emporte dans ses bras. Le terrein*

sur lequel il marche, recèle une mine qui éclate à quelques pas devant lui. Il rétrograde et saute sur la balustrade avec son fardeau précieux. Le feu gagne de tous côtés, la balustrade s'enflamme. Il s'accroche à l'arbre, monte quelques rameaux, l'arbre qui renferme un feu d'artifice, bientôt ne présente que des branches embrasées. Raoul gagne la cime ; mais l'arbre coupé dans sa racine par les feux qui le dévorent, se renverse ; de sorte qu'on voit Raoul et Adélaïde tomber de fort haut, derrière la balustrade, dans un lieu qui est censé un lieu bas (*). Le bûcher déjà tout embrasé, se consume. Une pluie de feu se mêle aux coups redoublés du tonnerre qui tombe en éclats, et achève de réduire en cendres et l'arbre et la balustrade. A cette pluie, succède une grande obscurité. Les ténèbres se dissipent. La scène change, et on ne voit plus qu'un beau jardin, et un pavillon placé à l'un des côtés du théâtre. Plusieurs degrés conduisent à ce pavillon, qui doit être très-élevé. A la place du bûcher, paroît un lit de roses, surmonté de guirlandes. On y voit Adélaïde évanouie, et Raoul cherchant à rappeler ses esprits.)

ROBERT. *Il se précipite et embrasse les pieds de Raoul.*

MON maître !

RAOUL *après avoir relevé Robert avec bonté.*

Adélaïde, réponds à la voix de Raoul.

ADÉLAÏDE *revenant à elle d'un air égaré.*
Raoul !

RAOUL.

Il est devant toi, il te presse sur son sein.

(*) Pour rendre plus frappant ce coup de théâtre, l'arbre doit tomber au moins de vingt pieds de hauteur.

ADÉLAÏDE.

O mort! je te bénis, puisque l'ombre de mon époux s'unit à la mienne dans le tombeau.

RAOUL.

Ton époux n'est point mort. Il existe pour te rappeler à la vie et au bonheur.

ADÉDAÏDE.

Où suis-je?

RAOUL.

Dans les bras de ton époux.

ADÉLAÏDE.

Est-ce un songe? (*Dans l'ivresse de la joie.*) Non, oh non, te voilà! c'est Raoul, c'est mon époux!..... Comment se peut-il?...

RAOUL.

Je l'ignore. Descendu dans un souterrain, de-là, conduit dans une caverne affreuse, on m'est venu dire qu'il falloit que je me jetasse de la pointe d'un rocher; mais au lieu de tomber dans un précipice, comme on me l'avoit annoncé, je me suis trouvé sur un tas de feuillages, dans une grotte décorée richement. Une femme qui m'avoit offert la vie aux dépens de l'honneur reparoît à ma vue. « J'ai voulu, m'a-t-elle dit, que
» l'exécution de ta sentence de mort ne fût qu'une
» épreuve; mais ce sera la seule. Tu vois quel est ici
» mon pouvoir. J'oublie tes outrages; réponds à ma
» tendresse, tes fers tombent, et ton bonheur com-
» mence ». J'ai repliqué à ce discours avec l'indignation qu'il faisoit naître dans mon ame. « Eh bien,
» a-t-elle ajouté, tu périras; mais avant, tu seras té-
» moin de la mort de celle que tu me préfères ». A
ces mots, elle rappelle des satellites qui gardoient l'entrée de cet asyle. « Conduisez, leur a-t-elle dit, cet
» audacieux dans le lieu où s'apprête le bûcher de son
» épouse; qu'il soit témoin de son supplice, et qu'en-

» suite il tombe sous vos coups. » On m'a remis un bandeau sur les yeux ; on m'a reconduit ici , où le plus horrible spectacle... Mais les flammes qui ont paru mena-
cer notre vie, ne nous ont point atteint ; c'est un lit
de roses qui nous a reçu dans notre chûte , et tout
prouve que ceci n'est qu'un jeu.

(*Une musique brillante se fait entendre.*)

ROBERT.

Encore de la musique !

RAOUL.

Elle n'a rien de triste ; c'est de bon augure.

*Des Ecuyers , des Pages , des femmes parées ,
toute la suite d'un Chevalier de haut parage s'avancent
sur deux colonnes , et se rangent des deux côtés du
théâtre. Le pavillon s'ouvre. L'intérieur en est riche
et illuminé. On y voit le baron de Mongrigny.*

SCENE IV.

LES PRÉCÉDENS , LE BARON DE MONGRIGNY.

*Ce dernier est couvert d'armes étincelantes. En
descendant du pavillon , il court se placer derrière
Adélaïde , qui ne l'apperçoit pas. Il la regarde avec
l'air de la tendresse et de l'admiration.*

ADÉLAÏDE.

Ciel ! me trompé-je ? Les gens, toute la cour du
baron de Mongrigny !

MONGRIGNY.

Oui, chère Adélaïde, c'est Mongrigny, c'est votre
oncle lui-même qui vous rend toute sa tendresse. (*Elle
tombe à ses pieds. Il la relève , et lui tend les bras.*

Adélaïde *se jetant dans les bras de son oncle.*

Seigneur !

MONGRIGNY.

J'ai fait votre malheur : j'employerai le reste de ma vie à le réparer.

ADÉLAÏDE.

Ah, mon oncle !... Mais comment vous trouvez-vous dans ce lieu ?

MONGRIGNY.

Je suis chez moi.

ADÉLAÏDE.

Chez vous ?

MONGRIGNY.

Oui, ce château m'appartient. Tout ce que vous avez vu n'est autre chose qu'une comédie exécutée par mes Hommes-d'armes, par des femmes et autres gens de ma maison.

RAOUL.

Quel étoit votre dessein, Seigneur ?

MONGRIGNY.

De vous éprouver, et en même-tems, je l'avoue, de me venger de vous et de ma nièce. Votre hymen détruisoit le plan que j'avois formé pour son bonheur. Vous m'étiez odieux. Cependant le bruit de vos belles actions est venu jusqu'à moi. J'ai voulu voir par moi-même, si ma haine contre vous n'étoit point injuste, et si votre valeur et votre loyauté vous rendoient vraiment digne du choix d'Adélaïde. Sachant que vous n'aviez pour retraite qu'un petit bien dans cette province, non-loin de ce canton, j'y ai fait l'acquisition d'une terre où je suis venu m'établir. Cette terre communique par un souterrain à ce vieux château abandonné depuis un demi-siècle, parce qu'on le disoit habité par des Lutins. M'ayant paru propre à l'exécution de mon projet, je l'ai fait acheter sous un nom inconnu. Cette salle est un grand théâtre que j'ai fait construire dans le plus grand mystère ; et par le moyen de machines fort peu connues en France, j'y opère réellement et naturellement une foule de prodiges. Des braves de toute espèce s'y sont présentés : je l'avois prévu. J'ai mis leur courage à de grandes épreuves, afin que le récit qu'ils fissent des merveilles de ce château vous y attirassent quelque jour. Mes émissaires, j'en ai par-tout, m'ont instruit de votre retour dans la province, et même de votre arrivée dans le village. Le paysan qui vous a fait venir, étoit envoyé, sans qu'il s'en doutât, par des gens qui me sont affidés. Averti par ce moyen, que vous alliez tenter l'aventure du château, j'ai fait disposer les différentes scènes qui ont frappé vos regards.

R o b e r t.

Qui est-ce qui eût dit ça, bon dieu !

M o n g r i g n y.

La Statue que vous avez vaincue avec tant de bravoure, et le porteur des ordres de la prétendue Souveraine de ces lieux, sont deux de mes Officiers que voilà. Quant à l'héroïne qui vouloit partager avec vous un empire souterrain, vous la voyez se cacher en riant derrière ses compagnes : c'est tout bonnement la femme d'un de mes écuyers. Le lieu où l'on vous a conduit est une vaste caverne creusée sous les jardins du château. Le feu du bûcher, comme vous avez dû l'appercevoir, n'étoit qu'un feu artificiel ; et dans les rudes épreuves où j'ai mis votre courage, toutes les précautions étoient prises, pour qu'il ne pût vous arriver aucun mal.

R a o u l.

Et l'Esclave ?

M o n g r i g n y.

C'est mon concierge. Il a fort bien joué son rôle.

R A O U L *riant.*

Je vous en réponds !

L'E s c l a v e.

Et s'il m'avoit coupé la tête ?

M o n g r i g n y.

Mes gens l'observoient. On eût arrêté son bras. Sa peur de mourir vous eût porté à cette action barbare, ou à d'autres demarches indignes d'un Chevalier, une prison perpétuelle étoit le sort que je vous destinois. Mais je reconnois avec une joie bien vive, que vous êtes au-dessus de votre renommée. Cher Raoul, votre alliance honore ma famille ; je vous regarde comme mes enfans, vous et votre épouse, et je vous lègue toutes mes possessions.

R a o u l.

Ah, Seigneur !

M o n g r i g n y.

Le jour paroît : j'ai fait prévenir les habitans du village, que les enchantemens de ce château étoient détruits, et qu'ils eussent à s'y rendre sur-le-champ. Ils viennent ; jouissons un moment de leur satisfaction. Ensuite vous viendrez dans un lieu plus commode, vous reposer des fatigues de cette nuit.

SCENE V et DERNIÈRE.

Les précédens, l'HOTESSE, des Villageois des Villageoises.

L'H ô t e s s e.

LE baron de Mongrigny avec son Gendre ! est-il possible !

L e P a y s a n *regardant avec inquiétude.*

Est-ce-ti ben vrai, que les diables ont déguerpi de ce châtiau ?

M o n g r i g n y.

Oui, mes amis, pour toujours ; et voilà le brave Chevalier à qui vous avez cette obligation. Rendez-lui hommage, ainsi qu'à son illustre épouse. (*Ils saluent Raoul et Adélaïde.*)

L' H ô t e s s e *parlant à Raoul.*

Ah, Seigneur! j'ai eu bien peur pour vous! Que je suis aise de vous retrouver ici, et sur-tout de vous voir de bon accord avec Monseigneur!

M o n g r i g n y.

Allons dans mon château. Bénissons ce beau jour, et célébrons par une fête le triomphe de la valeur et le retour d'Adélaïde.

F I N.

De l'Imprimerie de C o r d i e r, Collége de Sorbonne.